Liebe finden

Wie du Einsamkeit überwinden kannst

Brigitte Novalis

Liebe Leserin, lieber Leser,

Ich danke Ihnen für Interesse an diesem Buch "Liebe finden". Es ist ein kurzes Buch, aber Sie finden in ihm – wie in einer magischen Nussschale – alles, was Sie wissen müssen, um Liebe zu finden.

Obwohl es leicht und angenehm zu lesen ist, werden Sie die entscheidenden Grundsätze kennen lernen, die unsere Beziehungen bestimmen – unsere Beziehungen zu anderen und – was besonders wichtig ist – zu uns selbst.

Alles in Ihrem Leben ist das Ergebnis von dem, was Sie wissen und glauben, was Sie erfahren und wie Sie handeln. Handeln ist nicht nur das, was Sie im physischen Sinne tun. Handeln schließt auch Ihr Bewusstsein mit ein - Ihre Gedanken und Überzeugungen, Ihre Gefühle und geistigen Bilder.

Während Sie dieses Buch lesen, lernen Sie mehr über sich selbst und Ihre Beziehungen.

Sie werden auch verstehen, *warum* Sie sich gelegentlich einsam fühlen, und wie Sie das ändern können.

Am wichtigsten ist jedoch, dass Sie Einsamkeit überwinden und Freundschaft und Liebe in Ihr Leben bringen können, wenn Sie die Techniken in diesem Buch anwenden.

Dieses Buch ist ein transformatives Buch. Es ist erfüllt von positiven Energien. Ihre eigenen Energien werden positiver, während Sie es lesen.

Liebe zu finden ist Ihr Wunsch – und Sie können sie haben!

Brigitte Novalis

"Lebe deine Träume, statt nur zu träumen, dass du lebst."

- Bashar

Inhaltsangabe

Einleitung

Die einzelnen Kapitel von "Liebe finden":

Kapitel 1

Wer ist einsam? Ich nicht!

„Entschuldigen Sie bitte, wenn ich Sie anspreche. Haben wir uns schon mal getroffen?"

„Nein, ich glaube nicht, aber Sie kommen mir irgendwie bekannt vor."

„Ich habe gerade wieder bei den Ankunftszeiten nachgesehen. Das Flugzeug, auf das ich warte, ist um eine Stunde verspätet. Kein Wunder bei diesem Sturm.

Wäre es Ihnen recht, wenn wir uns etwas unterhalten, während wir warten?"

„Ja, gern."

„Ich warte auf einen Freund, der aus Kalifornien kommt. Darf ich fragen, auf wen Sie warten?"

„Ach, eigentlich auf niemanden."

„Wirklich? Wie interessant!"

„Finden Sie? Ich kommen hin und wieder zum Flughafen, einfach nur, um unter Menschen zu sein."

„Sind Sie Schrifstellerin und beobachten Sie das Verhalten von Menschen für ein Buch?"

„Nein, ich schaue mir die Menschen an und höre Ihnen aus keinem bestimmten Grund zu."

„Aber es muss Ihnen doch irgend etwas geben, sonst würden Sie doch nicht bis zum

Flughafen fahren und hier Ihre Zeit
verbringen."

„Manchmal macht es mir einfach nur
Freude, Leute zu sehen und zu hören."

„Haben Sie nicht viele Menschen in Ihrem
Leben?"

„Ich habe Kollegen im Büro."

„Kann es sein, dass Sie vielleicht ein wenig
einsam sind?"

„Nein, ich bin nicht einsam. Ganz
bestimmt nicht! Vielleicht manchmal, ein
bisschen. Das ist doch normal, nicht wahr,
dass man sich etwas einsam fühlt, wenn
man nach Hause kommt und niemand da
ist, der einen begrüßt, und es ist dunkel,
bis man selber Licht anmacht?

Aber kann man mich deswegen wirklich
einsam nennen? Ich meine, es ist doch
nicht so, als ob ich niemanden in meinem

Leben hätte. Ich habe eine Familie. Ja, ich muss zugeben, sie leben nicht in meiner Gegend, aber wenn ich sie sehen will, kann ich hinfahren und sie zu Geburtstagen oder Feiertagen besuchen. Und wie jeder andere auch habe ich Freunde. Obwohl ich sie nicht oft sehe, könnte ich sie treffen, wenn ich wollte. Sie würden sich wahrscheinlich freuen, mich nach so langer Zeit wiederzusehen. Einsam? Nein, das bin ich nicht!"

„Es tut mir leid, dass ich Einsamkeit erwähnt habe. Als ich von Ihren Fahrten zum Flughafen hörte, hatte ich einfach nur den Eindruck, dass Sie vielleicht ein wenig einsam sind und etwas dagegen tun möchten, es überwinden. Das ist alles. Ich wollte Sie nicht kränken. Entschuldigen Sie bitte."

„Sie brauchen sich nicht zu entschuldigen. Ich glaube, dass Sie es gut meinen. Wissen

Sie, auf eine Weise haben Sie ja recht. Ehrlich gesagt, bis Sie mich gefragt haben, ob wir uns nicht unterhalten können, habe ich gar nicht gemerkt, dass es nicht genug ist, nur unter Menschen zu sein.

Ich finde es schön, mich mit jemandem zu unterhalten, der sich für mich zu interessieren scheint. Sie machen einen freundlichen Eindruck, und ich treffe nicht viele freundliche Menschen. Erzählen Sie mir doch bitte etwas über Einsamkeit – natürlich nur interessehalber. Also, wie kann man Einsamkeit überwinden?"

„Indem man sich von der Einsamkeit weg bewegt. Wenn ich sage „weg bewegt", dann meine ich nicht, dass Menschen woanders hingehen oder gar umziehen. Ich denke eher daran, dass Menschen sich an einen anderen Ort in sich selber bewegen, in ihren Gedanken und Gefühlen."

„Ich könnte so etwas machen? Wie?"

„Mit Leichtigkeit. Jeder macht das, aber meistens sind sich die Menschen gar nicht bewusst, dass sie das machen."

„Hmm, das hört sich interessant an. Also, wie könnte ich das machen?"

„Lassen Sie mich das bitte an einem Beispiel erklären. Sagen wir mal, es ist ein regnerischer Tag und Sie sehnen sich nach Sonnenschein. Obwohl es draußen regnet, können Sie für einen Augenblick Ihre Augen schließen und sich vorstellen, dass die Sonne scheint: Sie sehen im Geist den blauen Himmel. Sie können sogar die Wärme des Sonnenscheins auf Ihrer Haut spüren und die innere Freude fühlen, im Sonnenschein zu baden, wenn Sie wollen. Sie können dies und mehr in Ihrem Geist tun."

*„Ach, Sie sprechen über **Vorstellung**! Ich dachte, wir sprechen über etwas **Wirkliches**!"*

„Vorstellung IST wirklich. Alles, was Sie um sich herum sehen, der Stuhl, auf dem Sie sitzen, die Wände Ihres Hauses, sind zuerst in der Vorstellung von jemandem gewesen. Bevor die Wände gemauert wurden, um das Haus zu bauen, oder das Holz zusammengefügt wurde, um den Stuhl zu machen, hat sich jemand dieses vorgestellt. Zuerst der Gedanke, dann die bildliche Vorstellung, und dann das physische Objekt."

„Ein interessanter Gedanke. Aber um auf Einsamkeit zurück zu kommen, wollen Sie mir mit Ihrem Beispiel sagen, dass ich, wenn ich Freundschaft und Liebe haben will, mir einfach nur vorstellen muss, jemanden in meinem Leben zu haben, und das wär's?"

„Das ist ein guter Anfang."

„Aber ich möchte keine Phantasie-Freunde haben, ich will wirkliche Freunde haben."

"Wenn Sie Freunde haben wollen, behalten Sie dies im Sinn:

„Um gute Freunde zu haben,
musst du ein guter Freund
für dich selber werden."

Kapitel 2

Mein eigener guter Freund sein – wie geht das denn?

„Mein eigener guter Freund sein, wie geht das denn? Gibt es da etwas, das ich machen oder lernen kann?"

„Auf jeden Fall. Lassen Sie uns doch mal einen Blick auf Ihre Beziehungen zu Ihren Freunden werfen. Sie haben Freunde erwähnt und auch die Tatsache, dass Sie sie eine Weile nicht gesehen haben. Wie kommt das?"

„Ich weiß es nicht. Ich denke, ich habe einfach nur das Interesse an ihnen verloren."

„Können Sie sich an die Zeit erinnern, als sie das letzte Mal mit ihren Freunden zusammen waren? Wenn Sie an diese gemeinsame Zeit denken, wie fühlen Sie sich?"

„Ehrlich gesagt, der Film war ganz nett und das Essen auch nicht zu schlecht, aber ich fühlte eigentlich nichts besonderes. Es war in keiner Weise großartig oder erfreulich. Deswegen habe ich sie auch eine Zeitlang nicht getroffen. Unser gemeinsamer Abend hat ein Gefühl der Leere in mir hinterlassen."

„Wissen Sie warum?"

„Keine Ahnung."

„Kann es sein, dass Sie schon vorher dieses Gefühl der Leere hatten?"

„Ich verstehe Sie nicht.“

„Lassen Sie es mich andersherum fragen: haben Sie sich gefreut, Ihre Freunde zu treffen? Waren Sie froh und erwartungsvoll?“

„Nun, ich habe gedacht, dass es Spaß macht, mit ihnen zusammen zu sein, aber sie haben nicht gerade zur guten Stimmung beigetragen.“

„Und Sie? Haben Sie zur guten Stimmung beigetragen?“

„Ich habe mich damals nicht besonders gut gefühlt.“

„Und jetzt?“

„Jetzt fühle ich mich auch nicht so besonders gut - von unserem Gespräch abgesehen.“

„Würden Sie sich gern besser fühlen?“

„Natürlich! Was für eine Frage!"

„Wären Sie bereit, jetzt gleich etwas auszuprobieren? Gut. Dann wollen wir einmal mit etwas Einfachem anfangen. Gehen Sie doch bitte zum Waschraum dort drüben und lächeln Sie sich im Spiegel an."

„Sie wollen, dass ich mich im Spiegel anlächle? Das kann ich nicht machen. Was, wenn mich jemand dabei beobachtet?"

„Nun, Sie können Ihre Hände waschen, bis Sie allein sind, und sich dann anlächeln. Das dauert nicht lange."

„Das ist alles? Mich einfach nur anlächeln? Wozu soll das denn gut sein?"

„Wie wär's, wenn Sie das selber herausfinden?"

„Okay, da ich im Augenblick nichts Besseres zu tun habe, will ich Ihnen den Gefallen tun."

*****

„So, Sie sind zurück. Wie war es?"

„Peinlich. Selbst als ich schließlich allein war, war es mir peinlich, mich selber anzulächeln. Irgendwie komisch. Andererseits fühlte es sich gar nicht so schlecht an. Interessant..."

„Gut gemacht. Sind Sie für den nächsten Schritt bereit?"

„Was soll das denn sein?"

„Gehen Sie bitte zum Spiegel zurück, lächeln Sie sich selber an und sagen laut zu sich selber "ich hab dich lieb."

„Einen Moment mal! Wollen Sie mich zum Narren machen? Ich soll in der

Öffentlichkeit laut sagen, dass ich mich lieb habe?"

„Sie können ja warten, bis Sie allein sind. Sorgen Sie sich nicht so viel darum, was andere tun und denken. Sie haben Ihr eigenes Leben zu leben, nicht das der anderen, nicht wahr?"

„Dies wird immer seltsamer. Sehen Sie mich nicht so missbilligend an. Ich geh' ja schon."

*****

„Das hat ja ziemlich lange gedauert. Was war los?"

„Es dauerte lange, weil dauernd Leute reinkamen und rausgingen, und dann war ich schließlich allein und konnte es immer noch nicht sagen. Ich musste mehrmals ansetzen, um es endlich zu sagen. Es fühlte sich so peinlich an, so falsch, so etwas zu mir selber zu sagen. So unecht.

Aber ich wollte kein Feigling sein. Ich wusste, dass Sie darauf warten, dass ich zurückkomme. So habe ich es dann schließlich gesagt. Und dann musste ich heulen. Als ich zu mir selber sagte „ich hab dich lieb", habe ich geheult. Haben Sie schon mal etwas so Dummes gehört?"

„Ich finde es gar nicht dumm zu heulen. Was ich wirklich dumm finde, ist, sich NICHT selber zu lieben."

„Das macht Sinn, aber darf ich auf Einsamkeit zurück kommen? Wenn ich zu mir selber sage „ich hab dich lieb", was hat das mit dem Überwinden von Einsamkeit zu tun?"

„Die Antwort ist einfach:

**„Wenn du dich selber nicht liebst,
wie kannst du dann
andere schätzen und lieben?"**

*„Ach so, Sie meinen, dass Einsamkeit
etwas mit mir zu tun hat? Dass es nicht
nur äußere Umstände sind, die mich
einsam machen, oder das merkwürdige
Verhalten von anderen, sondern mein
eigenes?"*

„Ja, das denke ich. Ich möchte Sie fragen:

**„Wenn du dich selber nicht liebst,
wie kannst du dann erwarten,
dass andere dich lieben?"**

*„Ich habe früher nie über so etwas
nachgedacht, aber es leuchtet mir ein. Ich*

muss leider zugeben, dass ich mich wohl nicht besonders liebe. Als ich auf Ihr Drängen vor den Spiegel trat und zu mir selber „ich hab dich lieb" sagte, war mir das wirklich peinlich. Es gibt mir zu denken, dass es mir so schwer fiel, es zu sagen – oder gar zu fühlen!

So, das ist es, was mir fehlt im Leben – die Selbst-Liebe. Merkwürdig, dass mir das nicht früher aufgefallen ist. Ich bin also ein verlorener Fall, nicht wahr?"

„Ganz und gar nicht! Sie können es ja ändern."

„Ich kann? Aber was kann ich denn tun?"

„Sie können damit anfangen, Ihr eigener guter Freund zu sein. Lächeln Sie sich selber an und sagen Sie sich mehrmals am Tag, dass Sie sich lieb haben."

„Das würde etwas ändern?"

„Was denken Sie?"

„Ich glaube, ja. Ich fühle mich jetzt schon etwas besser. Es ist einen Versuch wert. Nichts zu verlieren, nicht wahr?"

Kapitel 3

Wenn ich mein eigener guter Freund bin - was ist dann der nächste Schritt?

„Schauen Sie mal bitte. Da kommen immer mehr Leute. Ich möchte nicht, dass Sie Ihren Freund verpassen. Ich will mal schnell nachsehen, welche Flugzeuge inzwischen gelandet sind.

Das Flugzeug aus Los Angeles ist noch unterwegs. Wir haben also noch etwas

Zeit, uns zu unterhalten, wenn Ihnen das recht ist."

"Nun, nehmen wir einmal an, dass ich das tatsächlich mache, dass ich mich im Spiegel ansehe und zu mir "ich habe dich lieb" sage – was ist dann der nächste Schritt? Da muss es doch noch mehr geben, was ich tun kann, nicht wahr?"

"Sie haben recht. Es gibt da noch mehr. Einer dieser Schritte ist, dass Sie anfangen, Freude am Leben zu haben."

"Freude am Leben haben – können Sie da etwas genauer sein?"

"Fangen wir mit etwas Einfachem an. Was haben Sie als kleines Kind gern getan?"

"Nun, darf ich Sie fragen, was das damit zu tun hat, Einsamkeit zu überwinden?"

"Oh, viel. Ihre Gefühle von Einsamkeit und Traurigkeit können die gleichen sein, die Sie

schon als Kind gehabt haben. Können Sie sich daran erinnern, wie es war, als sie sieben Jahre alt waren?"

"Ja, natürlich. Damals habe ich mich gar nicht einsam gefühlt. Vielleicht etwas traurig."

"Sie können sich an das kleine Kind erinnern, das Sie waren, weil dieses kleine Kind noch in Ihrem tieferen Bewusstsein lebt. Sie denken wahrscheinlich nicht jeden Tag an dieses Kind, aber wenn Sie sich anstrengen, sich an dieses Kind zu erinnern, können Sie es tun. Wenn das Kind in der Vergangenheit traurig war, können Sie es jetzt glücklich machen."

"Wie?"

"Was haben Sie als Kind denn am allerliebsten gemacht?"

"Lassen Sie mich nachdenken. Ah, ich weiß! Ich saß so gern an dem Fluss hinter

dem Haus meiner Großeltern. Ach, war das schön! Ich konnte da stundenlang aufs Wasser schauen, wie es um die Felsen strömte. Auch das Wasserrauschen habe ich so gern gehört. Wie sich das wunderbar anhörte!"

"Sind Sie in der letzten Zeit mal wieder dort gewesen?"

"Nein, meine Großeltern sind schon vor langer Zeit gestorben. Ich bin viele Jahre nicht mehr an dem Fluss gewesen."

"Warum eigentlich nicht? Es würde Sie doch auch heute noch freuen, an dem Fluss zu sitzen, nicht wahr?"

"Ja, das stimmt schon. Es würde mich freuen, aber ich habe viel zu tun. Ich habe meinen Job, dann muss ich Besorgungen machen und meine Wohnung in Ordnung halten. Der Tag hat nur eine begrenzte Zahl von Stunden, wie Sie wissen."

„Wie ist es denn mit den Wochenden – Sie arbeiten doch nicht an Wochenden, oder?"

„An einem Wochende – ja, an einem Wochende hätte ich dahin fahren können. Aber wofür das Ganze? Mehr als eine Stunde nur für mich dahin fahren?"

„Warum sagen Sie „nur für mich"? Sind Sie sich nicht wichtig genug?"

„Wenn Sie es so sehen – ich sollte wichtig für mich selber sein, nicht wahr? Warum bin ich das eigentlich nicht? Warum habe ich das nicht wenigstens einmal in Betracht gezogen, zum Fluss zu fahren? Ich weiß es nicht. Ist es Faulheit?"

„Stellen Sie sich bitte einmal vor, dass Sie einen lieben Freund haben und dass dieser Freund Ihnen sagt: „Ich wäre so gern an einem Fluss, aber ohne dich kann ich da nicht hinkommen." Was würden Sie tun?"

„Ich würde meinen Freund bei der nächsten Gelegenheit dorthin fahren. Ah, ich merke, worauf Sie hinaus wollen. Wenn ich mir das so überlege, ja, ich möchte auch mich selber gut behandeln. Wirklich. Ich weiß nicht, warum ich nie daran gedacht habe, ich meine, zum Fluss zu fahren.

Ich habe immer gedacht, dass es dumm und egoistisch ist, etwas Besonderes für mich zu machen. Als wenn ich es nicht verdiene. Aber Sie haben recht. Ich muss zuerst mein eigener guter Freund sein, bevor ich für andere ein guter Freund sein kann.

Ich habe da noch eine Frage. Wie funktioniert das eigentlich? Angenommen, ich bin gut zu mir selber und fange an, mich zu lieben, wie würde mir das helfen, die richtigen Freunde zu finden?"

„Das funktioniert wegen des „Gesetzes der Anziehung". Haben Sie schon mal davon gehört?"

„Ja, im Büro haben sie davon gesprochen. Sie haben sich über den Film „Das Geheimnis" unterhalten. Sie waren ganz begeistert davon. Aber ich muss ehrlich sagen, dass ich nicht verstehe, wie das funktionieren soll. Mir erscheint das ein bisschen blöd, dass ich einfach nur an etwas denke und es mir vorstelle und dann geschieht es. Unmöglich!"

„Warum denken Sie denn, dass das unmöglich ist?"

„Das ist doch offensichtlich, oder nicht? Was ich denke, geschieht in meinem Kopf, nicht wahr? Und wenn ich mir etwas vorstelle, geschieht das auch in meinem Kopf. Gedanken sind – wie soll ich es sagen – so ungreifbar. Sie haben keine

Substanz. Oder besser gesagt, sie haben keine Macht hinter sich. Wie können meine Gedanken etwas geschehen lassen?"

„Ihre Gedanken sind nicht nur in Ihrem Kopf. Sie strahlen aus Ihnen heraus. Sie sind wie ein wandelnder Fernsehturm, der in seine Umgebung hinaus sendet, was Sie denken und fühlen."

„Wollen Sie damit sagen, dass andere wissen, was ich denke und fühle?"

„Zu einem gewissen Grad, ja. Je sensibler Menschen sind, umso fähiger sind sie, die Gedanken und Gefühle von anderen wahrzunehmen."

„Erstaunlich! Ist das so wegen des Gesetzes der Anziehung?"

„Da gibt es noch mehr. Das Gesetz der Anziehung sagt „Gleiches zieht Gleiches an". Das heißt im Wesentlichen – wenn Sie sich gut fühlen, kommen gute Dinge und Situationen auf Sie zu.

Das Gegenteil trifft auch zu. Je mehr die Menschen sich sorgen, desto mehr Dinge und Situationen ziehen sie an, über die sie sich sorgen können."

„Ich fange an zu verstehen, was Sie sagen. Wenn ich also freundlich zu mir selber bin und mich liebe, strahlt diese Freundlichkeit aus mir hinaus. Dann ziehe ich Freunde an. Ehrlich gesagt, irgendwie verstehe ich das doch nicht."

„Je mehr Energien der
Freundlichkeit und Liebe
du ausstrahlst,
desto mehr von diesen
guten Energien
kommen zu dir zurück."

„Interessant. Wenn ich also Freunde haben will und vielleicht sogar einen besonderen Freund, dann muss ich nur „ich habe dich lieb" oder „ich liebe dich" zu mir selber sagen, und sie kommen dann in mein Leben?"

„Wenn Sie das nur an der Oberfläche tun, also wie ein Lippenbekenntnis, und nicht wirklich das gute Gefühl fühlen, das einhergeht mit dem Gedanken „ich hab dich lieb" oder „ich liebe dich", passiert gar nichts Gutes.

Energie ist wirklich, und emotionale Energie ist auch wirklich, ganz real. Sie ist entweder positiv oder negativ. Entweder fühlt etwas sich gut oder schlecht an. Sie können es nicht heucheln.

Das Gute ist, dass Sie, wenn Sie wirklich gute Gefühle für sich selber – oder andere Menschen oder Situationen – haben wollen, und wenn Sie folglich positive Gedanken im

Geist wiederholen, Sie wirklich anfangen, sich gut zu fühlen."

„Wie ist das möglich?"

„Weil die Energie dem Gedanken folgt."

„Das ist sehr interessant. Ich hoffe, ich lerne das bald."

„Wenn Sie wirklich Ihr Leben ändern wollen, werden Sie es lernen."

„Ich möchte gute Freunde haben. Ganz bestimmt."

Kapitel 4

Wie wäre es, wenn Sie es mal ausprobieren?

„Möchten Sie mal ausprobieren, was Sie gerade gelernt haben?"

„Gerne. Meinen Sie jetzt gleich?"

"Warum nicht? Wenn Sie für einen Augenblick Ihre Augen schließen, wird es keiner merken. Sagen Sie nur in Ihren Gedanken „ích liebe dich, ich liebe dich" für eine Weile und mit soviel Liebe, wie Sie nur können. Nach einer Weile werden Sie sich gut fühlen. Dann lassen Sie es mich bitte wissen."

*****

„Ich fühle mich gut. Wer hätte das gedacht? Ich fühle mich wirklich gut!"

„Gut gemacht. Sie können Ihre Augen wieder öffnen. Jetzt möchte ich Sie bitten, die Menschen um uns herum anzuschauen und dabei zu denken, dass das alle ganz wunderbare Menschen sind.

Machen Sie das bitte nicht zu offensichtlich. Schauen Sie sich wie zufällig um und denken Sie: „Du bist wunderbar." Und fühlen Sie, was Sie im Geiste sagen."

„Okay. Ich werd's mal versuchen."

„Nun? Wie ist es?"

„Es ist schwer. Ich hab vorher gar nicht gewusst, wie schwer es ist, Menschen gern zu haben. Mit einigen habe ich kein Problem, aber mit anderen! Sie sehen so von sich eingenommen aus oder ärgerlich oder gemein. Wie kann ich die denn gern haben?"

„Glauben Sie, dass es für Sie und für andere gut ist, wenn Sie Menschen beurteilen oder gar verurteilen?"

„Ich beurteile sie gar nicht. Ich sehe sie nur an. Man kann ja nicht verhindern, dass man merkt, wie sie sind, nicht wahr?"

„Menschen haben viele Seiten. Einmal sind sie ärgerlich, zu einer anderen Zeit sind sie freundlich. Würden Sie gern wissen, wie ich Sie gesehen habe, als ich Sie zum ersten Mal ansah?"

„Sie meinen, wie ich ausgesehen habe?"

„Teilweise, aber mehr als das. Ich meine den Eindruck, den Sie auf mich gemacht haben."

„Was für ein Eindruck war das?"

„Sie sahen traurig aus, in sich gekehrt und ein bisschen abweisend."

„Wirklich?"

„Dann habe ich etwas näher hingeschaut und gesehen, dass Sie nur einsam sind."

„Und Sie wollten sich trotzdem mit mir unterhalten? Warum?"

„Als ich Sie mit – wie soll ich es nennen – mit den Augen meines Herzens oder meiner Intuition ansah, merkte ich, wie liebenswert Sie sind."

„Das bin ich?"

„Ja, das sind Sie. Ich möchte, dass Sie jetzt die Menschen hier mit den gleichen freundlichen Augen anschauen."

„Wie genau kann ich das machen?"

„Wenn Sie sich selber genug lieben und schätzen, ist es leicht für Sie, auch andere zu lieben und zu schätzen. Ich erwarte nicht von Ihnen, dass sie alle Leute lieben, die durch die Gates kommen oder die hier auf ihre Familie oder Freunde warten. Aber Sie können ihnen ein gewisses Gefühl von Freundlichkeit entgegen bringen."

„Ich weiß, was Sie meinen. Ich kann in diese Stimmung von Freundlichkeit kommen, wenn ich mich selber liebe, nicht wahr? Okay, dann will ich es mal versuchen."

*****

„Erstaunlich Die Leute erscheinen mir jetzt irgendwie netter und angenehmer. Aber das liegt nicht an den anderen, das liegt an mir, nicht wahr?"

„Es ist beides."

„Es ist beides? Jetzt verwirren Sie mich. Wie kann es beides sein?"

„Wenn Sie andere Menschen mit freundlichen Augen oder mit Wohlwollen betrachten, sehen Sie das Gute in ihnen. Menschen sind gut. Sie sind bloß manchmal etwas einsam oder ängstlich.

Also, wenn Sie sie mit freundlichen Augen betrachten, sind sich die Menschen dieser Freundlichkeit, die auf sie gerichtet ist, irgendwie gewahr. Sie reagieren auf diese Freundlichkeit wie Blumen, die ihre Köpfe zur Sonne drehen. Man kann dieses intuitiv wahrnehmen."

„Nun - ich weiß nicht. Wollen Sie damit sagen, dass jeder auf Freundlichkeit reagiert?"

„Vielleicht nicht jeder. Sehen Sie, wir Menschen haben eine Wahl. Wir können positiv auf Freundlichkeit reagieren oder nicht. Die meisten möchten jedoch geliebt werden und sich gut fühlen."

„Lassen Sie mich das bitte wiederholen, so dass ich weiß, dass ich Sie richtig verstanden habe. Wenn ich mich und andere liebe, dann werden andere mich auch lieben oder zumindest gern haben?"

„Ja, das haben Sie gut gesagt. Aber versuchen Sie nicht, Menschen zu manipulieren. Sie müssen aufrichtig sein und die anderen sein lassen, wie sie sein wollen."

„Sie wollen, dass ich andere sein lasse, wie sie sein wollen? Sie machen Spaß, nicht wahr?"

Kapitel 5

Also das verdirbt alles!

„Ich befürchte, dass das alles verdirbt!"

„Um Himmels willen, was meinen Sie?"

„Sie haben gerade gesagt, dass ich die anderen – die Menschen in meinem Leben – sein lassen soll, wie sie sein wollen."

„Was ist falsch daran?"

„Ich will, dass sie gut zu mir sind – freundlich, verständnisvoll, großzügig und angenehm. Ich will sie nicht sein lassen, wie sie sind!"

„Und wie möchten Sie selber sein?"

„Ich möchte natürlich genau so gut zu den anderen sein."

„Das ist gut! Wenn Sie selber all dieses sind: gut und angenehm und großzügig und verständnisvoll, dann werden die Menschen in Ihrem Leben – durch das Gesetz der Anziehung - auch so sein."

„Sie werden sich also so benehmen, wie ich möchte, dass sie sich benehmen?"

„Entschuldigen Sie bitte. Suchen Sie Freunde oder Sklaven?"

„Gutes Argument. Sie haben recht. Aber was denken Sie, was ich von meinen zukünftigen Freunden erwarten KANN?"

„Auf viele Weise werden Ihre Freunde ähnlich sein wie Sie. Haben Sie schon mal das Sprichwort gehört „Gleich und Gleich gesellt sich gern?"

„Ja, habe ich."

„Ich möchte, dass Sie sich im klaren darüber sind, dass Ihre Freunde – oder Ihr Partner, oder Ihre Kinder – sich auch in einigen Dingen von Ihnen unterscheiden werden. Und das ist gut, nicht wahr?

Wo wäre das Spannende, der Reiz und die Inspiration in Ihrer Beziehung, wenn Ihre Freunde keine neuen Gedanken, Interessen und Ideen in Ihr Leben bringen? Und Sie nichts Einzigartiges und Neues in das Leben Ihrer Freunde bringen?"

„Wenn Sie das so sagen – ja. Aber ich möchte keine gemeinen Menschen in meinem Leben haben! Ich weiß, dass Sie gerade das Sprichwort erwähnten „Gleich und Gleich gesellt sich gern", also wenn ich gut bin, kann ich erwarten, dass gute Menschen in mein Leben kommen, nicht wahr? Aber ich muss Ihnen sagen, dass ich vor einigen Jahren einen Freund hatte,

der mich ganz und gar nicht gut behandelt hat. Was sagen Sie dazu?"

„Bevor dieser Mann in Ihr Leben kam – waren Sie zufrieden mit Ihrem Leben und sich selber?"

„Nein, mir ging es schlecht in dem Jahr. Ich war traurig und einsam und dachte, wenn ich..."

„Nun?"

„Ich dachte, wenn ich einen Freund hätte, würde ich mich besser fühlen. Aber es hat nicht so geklappt, wie ich mir das vorgestellt hatte, und ich fange an zu verstehen, warum. Wenn ich mich schlecht fühle, kann ich keinen guten Menschen in mein Leben bringen, nicht wahr? Das ist so wegen des Gesetzes der Anziehung. Gleiches zieht Gleiches an."

„Das ist richtig."

„Jetzt fühle ich mich wirklich schrecklich. Heißt das, dass ich damals schlecht war?"

„Nein, Sie sind gut. Was Sie damals gemacht haben, war, negative Gefühle von Traurigkeit und Einsamkeit auszusenden. Erinnern Sie sich daran, wie Sie positive Gefühle aussenden können?"

„Indem ich mich selber liebe?"

„Ja, indem Sie sich selber lieben."

„Mich selber zu lieben, hilft mir, mein Ziel zu erreichen? Ist das so machtvoll?"

„Liebe ist die machtvollste Energie, die es gibt. Und Sie können lieben."

„Sie haben recht. Ich kann das."

Kapitel 6

Wenn ich mehr zum Punkt kommen will –
wie kann ich das machen?

„Ich glaube, ich verstehe das jetzt. Wenn ich mich gut und liebevoll und glücklich fühle, sende ich gute und liebevolle und glückliche Energien aus, nicht wahr?"

„Ja, genau! Jetzt verstehen Sie das!"

„Und dann kommen diese guten Energien zu mir zurück. Wie eigentlich?"

„Als gute Menschen, Ereignisse und Umstände."

„Heißt das, dass ich lauter neue Freunde haben werde?"

„Nicht unbedingt. Hauptsächlich werden die Menschen, die schon in Ihrem Leben sind, Ihnen Ihre beste Seite zeigen."

„Sie meinen, dass sie netter zu mir als vorher sind? Wie können sie plötzlich netter sein? Verändere ich sie irgendwie?"

„Die Menschen in Ihrem Leben reagieren auf die neuen besseren Energien, die Sie aussenden."

„Ehrlich gesagt, das verstehe ich nicht. Wie ist das möglich? Können Sie mir erklären, wie das funktioniert?"

„Stellen Sie sich vor, dass jeder Mensch wie ein grosser lebendiger Kristall ist. Je mehr Licht in dem Kristall ist, desto heller leuchtet er. Kristalle haben außerdem viele Facetten. Einige sind trübe und dunkel, andere leuchten in klaren hellen Farben. Wenn Sie sich und andere mehr und mehr lieben, kann das mit einem Kristall verglichen werden, der heller und heller strahlt."

„Einen Augenblick, bitte! Kristalle leuchten doch nicht von allein, nicht wahr? Sie reflektieren Licht. Ich dachte immer, dass Kristalle nur dann heller erstrahlen, wenn Licht auf sie scheint."

„Haben Sie schon einmal festgestellt, dass einige Kristalle klarer und heller sind als andere? Wenn Licht auf sie strahlt, leuchten sie mehr als andere, die nicht ganz so klar sind."

„Ah, jetzt verstehe ich, was Sie meinen. Während ich mich selber und andere mehr liebe, wird der Kristall, der ich sozusagen bin, heller."

„Ja, und wenn das geschieht, reagieren andere menschliche Kristalle auf Ihre Helligkeit und drehen sich ein wenig und zeigen Ihnen ihre eigenen hellen Facetten."

„Erstaunlich. Und das passiert jedes Mal?"

„Meistens, aber nicht immer. Denken Sie daran, dass Menschen freien Willen haben. Einige entscheiden sich vielleicht, Ihnen nicht Ihre hellen Facetten zu zeigen, was bedeutet, dass sie nicht willens sind, Sie mehr zu lieben."

„Und einige haben vielleicht gar keine helleren Facetten!"

„Das kann auch sein."

„Was passiert dann? Muss ich mich mit diesen mürrischen Menschen abfinden?"

„Wenn Sie weiterhin sich und andere lieb haben, werden diese mürrischen Menschen im allgemeinen aus Ihrem Leben verschwinden. Sie sehen sie vielleicht nicht mehr so oft oder sie sind Ihnen nicht mehr so wichtig. Andere ziehen vielleicht in eine andere Stadt um."

„Heißt das, dass ich weniger Menschen in meinem Leben haben werde?"

"Nein, wenn einige aus Ihrem Leben verschwinden, werden andere ihren Platz einnehmen."

„Das ist faszinierend, nicht? Zu denken, dass ich so einen Einfluss auf andere habe?"

„Wissen Sie, die Worte „Einfluss auf andere haben" hören sich nach Manipulation an. Denken Sie bitte daran, dass es hier darum geht, das Beste aus sich zu machen und das Beste in anderen hervor zu rufen."

„Sie haben recht. Das möchte ich gern tun. Um auf den Punkt zu kommen, was kann ich tun?"

„Auf den Punkt kommen in welcher Hinsicht?"

„Einen Partner in mein Leben zu bringen. Jemanden, mit dem ich gern mein Leben teilen möchte. Haben Sie einen Vorschlag dafür?"

„Einen guten Vorschlag. Sie können es sogar einen Meisterplan nennen."

„Das hört sich gut an. Bitte sagen Sie es mir. Was kann ich tun?"

„Sie können Ihre Vorstellungskraft nutzen. Um Ihr Ziel zu erreichen, müssen Sie allerdings Durchhaltevermögen zeigen."

„Ich habe Durchhaltevermögen. Wenn mir das meinen Partner bringt, kann ich sehr ausdauernd sein. Was kann ich tun?"

„Jeden Tag, am Morgen und am Abend, konzentrieren Sie sich auf die Beziehung, die Sie sich wünschen. Stellen Sie sich vor, dass dieser besondere Mensch bei Ihnen ist. Stellen Sie sich vor, wie Sie mit Ihrem Partner am Strand entlang gehen oder durch den Park, oder einfach nur in Ihrer Gegend spazieren gehen."

„Das ist leicht! Das kann ich machen. Was noch?"

„Sie können sich vorstellen, wie Sie mit Ihrem Partner einkaufen gehen oder kochen oder tanzen."

„Schade, ich kann gar nicht gut tanzen."

„Sie haben die Freiheit, sich auszusuchen, was Sie sich vorstellen möchten. Übrigens, wenn Sie sich häufig vorstellen, gut zu tanzen, werden Sie eines Tages besser tanzen."

„Ich stelle mir also jeden Tag, am Morgen und am Abend vor, mit meinem Partner zusammen zu sein. Ist das alles?"

„Das ist der erste Schritt. Der nächste Schritt ist, es zu *fühlen.*"

„*Was meinen Sie damit, **es zu fühlen**?*"

„Halten Sie Ihre Vorstellung so lange im Sinn, bis Sie das angenehme und glückliche Gefühl haben, Ihren Partner an Ihrer Seite zu haben."

„*WIe kann ich mich gut über etwas fühlen, das nicht da ist? Zumindest noch nicht da ist?*"

„Wenn Sie sich Ihren Partner vorstellen, ist er in Ihrem Sinn, nicht wahr?"

„*Ja, schon.*"

„Ihr Geist ist machtvoll genug, beides zu erschaffen, das Bild und das Gefühl. Dieses gute Gefühl über das, was Sie sich vorstellen, erfordert ein wenig Übung, aber Sie wollten den nächsten Schritt doch tun, nicht wahr?"

„Ja, richtig. Erzählen Sie mir bitte mehr darüber. Wie mache ich das mit dem Gefühl?"

„Während Sie sich lebhaft vorstellen, mit Ihrem Partner zusammen zu sein, fangen Sie an, sich wohl zu fühlen, als wenn Ihr Partner wirklich schon da ist. Kehren Sie zu diesem guten Gefühl oft am Tag zurück. Erinnern Sie sich bitte daran, dass Sie im Geist an neue Orte gehen können, wenn Sie das möchten."

„Ich erinnere mich daran, dass wir darüber gesprochen haben. Das kann ich machen. Und was geschieht dann?"

„Wenn Sie dieses gute Gefühl des Mit-Einander-Seins öfter fühlen, wird Ihr Partner schließlich in Ihrem Leben erscheinen."

„Großartig! Das ist alles?"

„Sie müssen auch entsprechend handeln. Gehen Sie aus dem Haus, so dass Sie

Möglichkeiten erschaffen, Ihren Partner zu treffen. Ihr Partner wird nicht an Ihre Tür klopfen, während Sie auf Ihrem Sofa sitzen und fernsehen."

„Vielen Dank, dass Sie mich das alles wissen lassen! Ich fühle mich schon besser! Jetzt weiß ich, was ich zu tun habe. Das ist leicht. Ich stelle mir meinen Partner jeden Tag vor und gehe in dieses gute Gefühl. Bald wird es keine Einsamkeit mehr für mich geben!"

„Haben Sie nicht etwas vergessen?"

„Was meinen Sie?"

„Die Voraussetzung für jede gute und erfreuliche Beziehung ist Liebe. Sie müssen es üben, sich und andere zu lieben."

„Richtig. Ich verstehe. Ich muss lernen, selber zu leuchten, bevor ich einen Menschen anziehen kann, der auch von innen leuchtet. Jemanden, der ein

liebevoller und einfühlsamer Partner für mich sein kann."

„Gut gesagt. Ich bin froh, dass Sie das verstehen."

„Oh, da kommen so viele Leute durch das Gate. Vielleicht sind sie von dem Flugzeug, auf das Sie warten."

„Ja, da kommt mein Freund gerade. Es hat mich gefreut, mit Ihnen zu sprechen. Alles Gute!"

„Entschuldigen Sie. Ich würde wirklich gern noch einmal mit Ihnen sprechen. Falls Sie vorhaben, Ihren Freund zum Flughafen zurückzubringen, würde es Ihnen etwas ausmachen, wenn ich Sie hier treffe?"

„Gute Idee. Ja, lassen Sie uns noch mehr sprechen. Der Rückflug ist in zehn Tagen, gegen zehn Uhr morgens. Könnten Sie mich hier um diese Zeit treffen?"

„Ich werde es möglich machen, glauben Sie mir. Dies ist wichtig. Dafür nehme ich mir gern ein paar Stunden frei. Bevor Sie gehen – was schlagen Sie vor, ist das Wichtigste für mich zu tun in der Zwischenzeit?"

„Sich selbst and andere und alles um Sie herum zu lieben und sich vorzustellen, dass Ihr Partner schon in Ihrem Leben ist."

„Werde ich machen. Bis bald!"

Kapitel 7

Die wahre Quelle der Liebe

„Ich freue mich, dass wir hier so gemütlich beim Kaffee sitzen und uns unterhalten können. Eine Weile befürchtete ich, dass ich Sie nie wiedersehen würde. Aber dann waren Sie da – wie Sie Ihren Freund verabschiedeten."

„Ich freue mich auch, dass wir uns wieder getroffen haben. Wie ist es Ihnen ergangen? Haben Sie das Lieben und Sich-Freuen geübt?"

„Hab ich! Immer und immer wieder! Ich wollte herausfinden, ob es wirklich funktioniert.

In den letzten zehn Tagen habe ich immer wieder in meinen Gedanken „ich liebe dich, ich liebe dich" gesagt – zu mir selber, zu meinen Kollegen und Freunden und sogar zu frustrierenden Situationen; natürlich nicht immer, aber sehr oft. Ich denke, das hat mir wirklich geholfen, mich selber und andere mehr zu schätzen. Sie können stolz auf mich sein."

„Das bin ich auch. Wie geht es Ihnen?"

„Ich habe mich seit langem nicht mehr so gut gefühlt. Ich schlafe sogar besser. Viele Dinge verändern sich. Im Büro sind die Leute netter zu mir, sogar mein Chef scheint mehr Geduld zuhaben. Wahrscheinlich bin ich selber auch netter.

Danke, dass Sie mich auf diese Dinge hingewiesen haben. Ich hätte mir nicht träumen lassen, dass ich selber etwas tun kann, um mich besser zu fühlen. Ich habe immer gemeint, dass es von den Handlungen anderer abhängt oder einfach nur Glück ist. Ich fühle mich jetzt von innen heraus gut."

"Ich freue mich, das zu hören."

"Ich habe aber noch eine Frage. Ich wollte immer von anderen geliebt werden. Was ich durch Sie gelernt habe, ist, mich selber zu lieben, nicht wahr? Wie ist es denn damit, von anderen geliebt zu werden?"

"Wenn Sie sagen, dass Sie von anderen geliebt werden wollen – was wollen Sie denn FÜHLEN?"

"Ich möchte natürlich ihre Liebe fühlen."

„Stellen Sie sich bitte vor, dass es einen Menschen in Ihrem Leben gibt, der ihnen nicht viel bedeutet, wenn überhaupt etwas. Wenn Ihnen dieser Mensch Blumen schickt, Geschenke, Briefe, Emails in denen steht: „Ich liebe Dich." Was fühlen Sie?"

„Lassen Sie mir einen Augenblick Zeit. Was würde ich fühlen? Zuerst wäre ich ein bisschen geschmeichelt, aber dann wäre es mir lästig."

„Sie würden keine Liebe fühlen?"

„Nein. Ich glaube, ich weiß jetzt, worauf Sie hinaus wollen. Um Liebe zu fühlen, muss ich selber lieben, nicht wahr? So, die wahre Quelle der Liebe ist, dass ich mich selber liebe?"

„Und dann andere zu lieben und ihre Liebe freundlich zu akzeptieren."

„In der Vergangenheit habe ich das alles falsch gemacht. Kein Wunder, dass ich

mich so einsam fühlte! Ich danke Ihnen sehr, dass Sie mir helfen, mehr über Liebe zu verstehen."

"Gern geschehen. Darf ich Sie nach Einsamkeit fragen? Fühlen Sie sich noch einsam?"

"Igendwie fühle ich mich gar nicht einsam, vielleicht hin und wieder ein wenig. Dann erinnere ich mich an unsere Unterhaltung und fange wieder das Lieben und Wertschätzen an und fühle ich mich gleich wieder gut.

Ich folge auch Ihrem "Meisterplan". Jeden Morgen und jeden Abend stelle ich mir vor, meinen Partner bei mir zu haben. Letzte Woche ist etwas passiert, von dem ich Ihnen gern erzählen möchte. Haben Sie noch ein bisschen Zeit?"

"Absolut. Ich kann kaum abwarten, davon zu hören!"

„Nun, da gibt es diesen jungen Mann in meiner Gegend. Er führt seinen jungen Hund in meiner Straße aus. Manchmal, wenn ich nach Hause komme, geht er an mir vorbei, und sein Hund springt mich an – er ist zwar an der Leine, aber dennoch – ich mag das nicht. So sagte ich ihm eines Tages: „Ich kann es nicht leiden, wenn Ihr Hund mich anspringt." Und er sagte: „Er ist noch ein Hunde-Kind. Er möchte einfach nur spielen." Dann sagte ich: „Ich mag keine Hunde." Er machte ein ärgerliches Gesicht und ging weiter. Seitdem geht er auf der anderen Straßenseite und sieht mich nicht an.

Währenddessen habe ich weiterhin mich selbst und alle anderen geliebt und mir vorgestellt, meinen Partner an meiner Seite zu haben.

Und dann – raten Sie mal, was dann passiert ist? Eines Abends, als ich wieder mein Lieben und Wertschätzen auf meinem Heimweg vom Zug übte, kamen er und seiner kleiner Hund mir entgegen, und ich konnte nicht anders, ich musste sie anlächeln. Ich weiß nicht, warum ich stehen blieb und mit ihm sprach, aber ich tat es. Ich sagte: „Sie haben recht. Er ist wirklich niedlich und einfach nur neugierig.". Da wurde er sehr freundlich, und wir unterhielten uns ein bisschen.

Am nächsten Abend trafen wir uns wieder und unterhielten uns etwas länger. Ich bin sogar eines Abends ein Stück mit ihnen gegangen, und er hat mich für heute Abend zu einer Tasse Kaffee eingeladen. Ist das nicht großartig?"

„Ich freue mich so für Sie. Gut gemacht!"

„Danke. Wissen Sie, was das Beste dabei ist?"

„Sagen Sie es mir bitte."

„Das Beste ist die Veränderung in mir. Natürlich freue ich mich darauf, ihn heute Abend zu treffen und mich mit ihm beim Kaffee zu unterhalten. Um die Wahrheit zu sagen, ein bisschen nervös bin ich schon. Aber früher hätte ich mich ständig gesorgt und mir Gedanken darüber gemacht, was alles falsch gehen könnte. Normalerweise, wenn ich zu einem ersten Date ging, hatte ich schreckliche Vorstellungen im Sinn von allen möglichen Peinlichkeiten und Missverständnissen.

Jetzt freue ich mich einfach nur, ihn und seinen kleinen Hund wieder zu sehen. Nun, mit ein bisschen Nervosität dabei. Aber das ist natürlich, nicht wahr? Wird er ein Freund werden oder sogar **mein** Freund? Vielleicht. Das würde mich freuen, denn er scheint freundlich und aufgeschlossen zu sein. Irgendwie ist er auch so nett wie sein kleiner Hund.

Aber das Beste ist, dass ich mich gut fühle, egal, was daraus wird – ob wir Freunde werden oder nicht. Verstehen Sie, was ich meine?"

„Ich weiß genau, was Sie meinen. Ich freue mich so für Sie."

„Und ich bin Ihnen so dankbar! Sie haben mir gezeigt, wie ich Liebe finden und Einsamkeit überwinden kann, und es funktioniert! Ich weiß, ich muss das weiterhin machen, dieses Lieben und Wertschätzen und Mir-Dinge-Vorstellen, aber es ist es wert!"

„Ich freue mich, dass Sie das jetzt verstehen."

„Sie zu treffen hat mein Leben verändert. Vielen Dank dafür, dass Sie mit mir über diese Dinge gesprochen haben. Manchmal denke ich, dass es so sein sollte, dass wir uns treffen."

„Ja, ich denke das auch."

„Einen Moment mal! Es sollte so sein, dass wir uns treffen? Ist dies das Gesetz der Anziehung? Habe ich Sie angezogen?"

„Auf alle Fälle! Wenn Sie bereit sind für positive Veränderungen, ziehen Sie Menschen – oder Bücher – an, die Ihnen helfen können, sich zu verändern."

„Also finde ich Liebe und überwinde ich Einsamkeit, weil ich bereit für Veränderung bin?"

„Offen sein für Veränderung
öffnet die Tür.

Zu verstehen,
wie das Leben funktioniert,
bringt dich auf den richtigen Weg.

Anzuwenden und zu leben,

**was du gelernt hast,
bringt die Veränderung herbei.“**

„So, der wirkliche Wandel ist geschehen, weil ich anfing, mich und andere zu lieben?“

„Ja. Ganz genau.“

„Ich danke Ihnen sehr, dass Sie mich auf den richtigen Weg gebracht haben! Ich fühle mich jetzt so wohl – freier, friedlicher und liebenswerter.

Wissen Sie, zum ersten Mal seit vielen Jahren fühle ich, dass das Leben gut ist!“

Über die Autorin

Brigitte Novalis ist zeit ihres Lebens ein Katalisator für positive Veränderung gewesen. Seit ihrer Kindheit ist sie sich ihrer Fähigkeit bewusst, Frieden und Harmonie in ihre Umgebung zu bringen.

Ihre Liebe zur Natur und ihre Sorge um den Planeten veranlasste sie, sich der Umwelt-Politik zu widmen. Ihre Arbeit trug zur Veränderung des Umweltbewusstseins bei und gipfelte in dem Bau der ersten deutschen Recycling-Anlage.

In der Überzeugung, dass die Umweltverschmutzung und -belastung

lediglich ein Symptom der tiefen inneren
Konflikte der Menschheit sind, wandte
sich Brigitte Novalis dem Gebiet der
persönlichen und spirituellen Entwicklung
zu.

Sie erforschte und studierte die
Verbindung von Körper-Geist-Seele in der
Überzeugung, dass weitreichende
Veränderungen in der Menschheit nur
dann erfolgen können, wenn sie von innen
kommen.

In ihren Büchern teilt Brigitte Novalis ihre
beiden Gaben mit ihren Lesern: die Gabe
des Heilens und die Gabe des inspirierten

Schreibens. Die Synergie aus diesen beiden Gaben bringt eine heilende Veränderung im Leser hervor.

Brigitte Novalis ist nicht nur eine publizierte Autorin und eine intuitive Heilerin. Sie ist auch eine angesehene Therapeutin: Neurolinguistische Psychologie, Klinische Hypnotherapie, Reiki-Meisterin.

Sie hat das Alpha Zentrum für Persönlichkeitsentfaltung (Alpha Center for Personal Development) in Quincy, MA, USA, gegründet.

Außerdem hat sie ihr eigenes Heilsystem, das Multi Level Transformations-System, erschaffen.

Hier können Sie Brigitte Novalis im Internet finden:

Webseite:
http://www.brigittenovalis.com

Blog:
http://www.brigittenovalis.com/feed/